AF362362

CATALOGUE

RAISONNÉ

Des Estampes, Tableaux, Bronzes, Porcelaines & autres Curiosités qui composent le Cabinet de M....*Roussel*.

Par les Sieurs GLOMY *&* BULDET.

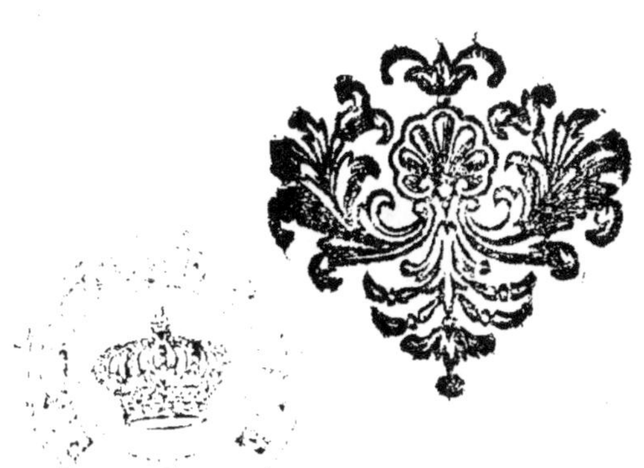

A PARIS,

Chez SAILLANT & NYON, Libraires, rue Saint-Jean de Beauvais.

___

M. DCC. LXIX.

A V I S.

LE Cabinet que nous préſen-
tons aux Amateurs, eſt compoſé
d'Eſtampes des meilleurs Graveurs Modernes, & de quelques
Anciens, dont les Epreuves ſont
de la premiere beauté. Comme
elles n'ont été raſſemblées que
depuis quelques années, il n'eſt
pas ſurprenant qu'on n'y trouve
point ces Eſtampes anciennes
d'Italie & de Flandres, qui font
le mérite d'une belle Collection;
mais on en ſera en quelque ſorte
dédommagé par pluſieurs ſuites
intéreſſantes, gravées en Italie,
qu'il n'eſt pas facile de ſe procu-
rer. Parmi les Tableaux, qui ſont
en très petit nombre, on en trouve quelques-uns dignes d'entrer
dans les meilleurs Cabinets. Le
reſte de cette Collection conſiſte
en Bronze, Meubles précieux,
Porcelaines, particulierement de

A ij

Saxe & de Séve, dont le coup d'œuil gracieux eſt en poſſeſſion de plaire à la plus grande partie des Amateurs. Il y a néanmoins trois morceaux ornés d'animaux de cette rare & eſtimable Porcelaine d'ancien Japon qui enrichiſſent les plus fameux Cabinets. Nous n'entrerons pas dans un plus grand détail ſur la matiere qui forme ce Catalogue, dont nous avons été obligé d'accélérer la compoſition pour qu'il puiſſe paroître aſſez tôt pour la Vente, qui ſe fera rue neuve des Petits-Champs, maiſon de M. Rouſſel, ancien Fermier Général, aux jours indiqués par les Affiches.

CATALOGUE

RAISONNÉ

Des Estampes, Tableaux, Bronzes,
Porcelaines & autres Curiosités
qui composent le Cabinet de M....

ESTAMPES.

ECOLE D'ITALIE.

1 Douze Clairs obscurs gravés, la plus grande partie par André Sacciati, d'après différens Maîtres d'Italie.   *18*

2 Deux Estampes représentant l'une Lucrece se poignardant, & l'autre Gunhilda, gravées par Ravenet, d'après Cazali.   *7 14*

A iij

3 Une Fuite en Egypte, & l'enlevement des Sabines, gravés à l'eau-
forte, par Wimftanley, & le même fujet par Bauvarlet : ces trois
morceaux font d'après Luc Jordane.

4 Six Eftampes du Cabinet du Roi,
dont le martyre de St. Etienne, par
Chafteau.

5 Les quatre Elémens d'après l'Albane, fujets en rond gravés par Baudet.

6 Les quatre grands fujets de l'Hiftoire de Vénus, par l'Albane, gravés par Baudet.

7 Quatre Eftampes, favoir, la Pré-
fentation au Temple, d'après Ro-
manelle, par Lederbache ; Saint
Pierre guériffant un Paralytique,
d'après Cigoli, par Dorigny ; la
mort de Sainte Anne, d'André Sa-
chi, par N. Edelinck ; & St. Ro-
muald Fondateur des Camaldules,
converfant avec fes Religieux, d'a-
près le même, par Frey.

8 Six Eftampes, dont la Transfigura-
tion, de Raphael, par Thomaffin.

9 Deux morceaux, favoir la Mort
d'Adonis, d'après Bianchy, gravée
par Martinet, & les Noces de Cana,

de Paul Veronese, par Jacob: Estampes de la Galerie de Dresde.

10 Saint François de Paule , & la
Vierge dans la gloire; l'un & l'autre d'après Murillos, gravés en maniere noire , par Ardell.

11 Trois Estampes en maniere noire,
dont une Vénus, d'après Luc Jordane , gravée par Smith, & deux
d'après Casali.

12 Vingt-huit Paysages, d'après Gaspre Poussin , gravés par Vivarès,
Chatelain & autres.

13 Dix Paysages , d'après Gaspre
Poussin & Salvator Rosa, par Masson , Granville & autres.

14 Vénus & les Graces , d'après le
Guide, gravées par Strange.

15 La Justice & la Douceur d'après
Raphael ; & Bélisaire, d'après Salvator Rosa, par le même.

16 Trois morceaux du même Graveur , d'après le Guide, savoir,
une Vierge , un Ange , & une
Cléopatre.

17 Cinq Estampes gravées en Angleterre, par Boydell, Ravenet & autres d'après différens Maîtres, dont

A iv

une Sainte famille, de Murillos ;
Jason, de Salvator Rosa ; le Martyre de Saint André, de C. Dol-
ci, &c.

18 Quatre Estampes de la même suite, dont la Circoncision, d'après le
Guide, & l'Adoration des Bergers,
du Carrache, par Aliamet.

19 Trois morceaux de la même suite,
savoir, Rémus & Romulus trouvés
sur le Tibre par un Berger, d'après
Pietre de Cortone, par Strange ;
Cyrus enfant exposé, du Benedette,
par Boydell, & Diane changeânt
Actéon en Cerf, d'après Ph. Laure,
par Wollett.

20 Quatre sujets de la même suite,
dont Marcus Curius Dentatus, re-
fusant les présens des Samnites, d'a-
près Pietre de Cortone, par War-
ker, &c.

21 Deux grands Paysages de la mê-
mê suite, d'après Rosa de Tivoli
& Adrien Cuyst, gravés par Elliott, & une Marine de Van Velde, par Cannot.

22 Quatre Estampes de la même suite, dont l'Ange qui disparoît de-

vant Tobie, d'après Rembrandt, compofition un peu différente du Tableau qui eft au Luxembourg, gravées par Walker.

Cette fuite comprife dans les fix articles précédens, eft exécutée avec beaucoup de foin, par les meilleurs Graveurs d'Angleterre, & fe continue actuellement, ce qui formera un beau Recueil d'après les meilleurs Maîtres d'Italie & des autres Ecoles qui fe trouvent en ces Pays : On les donne au Public à mefure qu'ils fe gravent. *Nous avons mis cette fuite dans l'Ecole d'Italie, parceque à l'exception du dernier article, tous les morceaux font d'après des Maîtres de cette Ecole.*

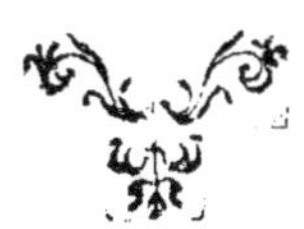

A v

ECOLE DES PAYS-BAS.

23 Cinq Paysages, Chasses & Animaux, dont deux de Cuyp, par Vivarès; un de Poter, par le Bas; une Chasse, d'Hondius, par Chenu; & une adoration des Bergers, de Vander Cabel, par Audran.

24 Huit sujets Flamands, dont la Riboteuse & la Peleuse de pommes, d'après Metzu, par Daullé & autres.

25 La Grande Fête Flamande, de Rubens, qui est au Luxembourg, gravée par Fessard, Epreuve avant la lettre.

26 Dix Estampes d'après Rubens, dont une Résurrection, par Bolsvert.

27 Treize morceaux gravés par le Bas, d'après Teniers, dont la Ferme & la Basse-Cour.

28 Trente petites Estampes d'après Teniers, par différens Graveurs, dont les Elémens & les Sens.

29 Deux grands morceaux gravés par

le Bas d'après Teniers, favoir les
Œuvres de Miféricordes & l'Enfant
Prodigue.

30 Quatre grandes Fêtes Flamandes
d'après Teniers, dont trois gravées
par le Bas & l'autre par Major.

31 Deux grands Payfages gravés en
Angleterre par Woollett, & un plus
petit par Elliott.

32 Quatre fujets de Chaffes d'après
Van Fallens, par le Bas, dont la
Prife du Héron & fon pendant.

33 Cinq Eftampes. d'après Vauvermans, par le Bas, Moyreau &
Strange, dont l'Halte d'Officiers.

34 Quatre grands morceaux d'après
Vauvermans, dont le Sanglier forcé,
par le Bas, & le Manége, par Major.

35 Quatre Payfages d'après Wilfon,
par Byrne.

36 Deux grands Payfages avec figures, d'après Wilfon, par Woollett,
dont l'un repréfente Niobé & l'autre Phaéton à genoux aux pieds d'A-
pollon.

37 Trois Eftampes, favoir la double
furprife d'après Gérard Dow, par
Bauvarlet; la Lifeufe, d'après le

même, & le Joueur d'inftrument de Scalken, par Will.

3 . 3 38 Six Payfages & Marines, d'après Van Velde, Both & autres, gravés par Vivarès, le Bas, &c.

18 . 4 39 Six Eftampes d'après Berchem, favoir les Quatres Heures du jour, par le Bas, le grand Payfage par Aveline, & l'ancien Port de Gênes, par Aliamet.

16 . 2 40 Les Muficiens ambulans, gravés par Will, d'après Dietricy, premiere Epreuve.

3 . 5 41 Baucis & Philemon, d'après Jacques Jordaens.

4 . 10 42 Trois Eftampes, favoir, la Santé portée & la Santé rendue d'après Terburg, par Chevillet; & le Maître de Mufique d'après Théodore Rombouts.

1 . 11 43 Trois Eftampes d'après Bloëmaert, favoir, l'Adoration des Bergers, par Bolfvert; le Marchand ruiné & la Villageoife en colere, par M.lle Martinet.

4 . 10 44 Quatre Eftampes d'après Rembrandt, dont Samfon & Dalila.

10 . 1 45 Cinq Payfages de Pillement gravés par Ravenet, Canot & autres,

46 Les Quatre Saisons de Pillement, 8 . 1
par Canot, Masson & Woollett.

47 Les Quatre Heures du jour du 5 . 1
même, par Elliot & Canot.

48 La Ferme, d'après Corn. Dussart 8 . 19
gravées par Woollett.

49 Deux grands sujets, dont un inti-
tulé la Collation, d'après Van Harp, 10
par Isaac Teylor.

50 Quatre sujets & Portraits, d'après 21
Vandyck, dont Bélisaire, gravé
par Scotin.

50 * Dix Portraits en pieds de per- 13
sonnes illustres d'Angleterre, gravés par Gunst, d'après Vandyck.

51 Six Groupes gravés par J. Muller, 7
d'après Adrien de Vriës.

52 Trois grands morceaux d'après 6 . 1
Ant. Van Monfoort, gravés par
la Sargne, représentant l'Assomp-
tion, la Nativité, & un autre sujet de dévotion.

53 Georges II Roi d'Angleterre re- 8
présenté à cheval, peint par David
Morier, gravé par Ravenet.

Manieres Noires.

54 Quatre grands Portraits en ma- 10 . 1

niere noire, gravés par J. Walson, C. Phillips, & autres.

12.10 55 Dix morceaux Sujets & Portraits,
dont celui de J. Wilkes, Auteur
du Nord Briton, gravés par Wil-
son, & ceux des deux Freres Pai-
nes Architectes, par Walson.

23. 1 56 Deux pieces, l'une gravée par Fis-
her, repréfente le célebre Garrick
Acteur Anglois, entre la Comédie
& la Tragédie; l'autre par Ardell,
eft une Scene de la Tragédie de Venife fauvée, repréfentée par le même Garrick, faifant le rôle de Jaf-
fier, dans le moment qu'il leve le
poignard fur Belvidera fon époufe.

7.10 57 Sept Eftampes, la plupart Portraits, dont celui de la Comtefse de
Coventry, par Walfon; le Confef-
feur, par Houfton, &c.

15 58 Sept Portraits de Femmes très gra-
cieufes, dont fix gravées par Ardell.

7.19 59 Diane & Actéon, joli morceau
peu commun gravé par Smith.

6.19 60 Les Portraits du Roi & de la Reine
d'Angleterre, le premier par Spoo-
ner, & le fecond par Ardell.

8 61 Dix Sujets par Faber, dont plu-

fieurs repréfentent des Scenes de
Comédies Angloifes.

62 Le Portrait d'un Rabin, d'après
Rembrandt, parfaitement gravé
par W^me Pether, premiere épreuve.

63 Cinq Eftampes, Portraits & Sujets, d'après Rembrandt, dont le
Denier de Céfar, morceau très bien
rendu, par Ardell, la mariée Juive, par Pelher, &c.

64 Sept morceaux, la plupart de
Gole, & un de Smith, d'après Oftade.

65 Deux belles Pieces par Ardell,
l'une d'après Rubens, eft le Portrait de cet excellent Peintre & celui de fon époufe, conduifant par
la lifiere un de fes enfans ; l'autre
d'après Vandyck, repréfente le
Tems qui coupe les aîles à l'Amour.

66 Trois morceaux, favoir, une
mere entourée de fes enfans, d'après Rubens, par Ardell ; Pfichée
qui reconnoît l'Amour, par le même, d'après Scalken, & une femme lifant à la lumiere d'une lampe,
du même Peintre, par Walfon.

67 Deux Sujets, dont un gravé par
Ardel, d'après Vandick, repré-

sente Moyse exposé sur le Nil; l'autre qui est une Vierge, est d'après Vander Werf.

ECOLE FRANÇOISE.

14 68 Six Estampes d'après le Poussin, dont Rebecca, gravé par Rousselet; les Bergers d'Arcadie, gravés en Angleterre, par Ravenet, &c.

11-19 69 Six morceaux de le Sueur, dont le Martyr de Saint Laurent, par Gérard Audran; Néron rendant les honneurs funebres à Britannicus, &c.

3·1 70 Cinq Estampes d'après Bourdon, la Fosse & autres, dont le Coriolan, par Thomassin.

7·2 71 Le Moyse d'après Champagne, par Nanteuil & Edelinck. très belle Epreuve : ce morceau est regardé comme un chef d'œuvre de gravure.

116 72 Les grandes batailles d'Alexandre, gravés par Gérard Audran, & Edelinck, avec la bataille de Porus,

par B. Picart. Ces six morceaux ont placé le célebre le Brun au rang des plus grands Peintres de notre Ecole.

73 La Bataille & le Triomphe de Constantin, du même, gravés à l'eau-forte, par Gérard Audran.

74 La famille de Darius aux pieds d'Alexandre, de Mignard, gravés par Edelinck. Ce morceau, qui est parfaitement gravé, montre cependant combien il est dangereux de lutter contre les grands Maîtres: quelle différence en effet, de cette composition à celle de le Brun.

75 Cinq Estampes d'après le Brun & Restout, dont le Saint Charles, par Edelinck.

76 Quatre Sujets, trois d'après Jouvenet, dont la Présentation au Temple & l'Adoration des Rois, gravés par Loir; le Lavement des pieds, d'après Bertin, par Chereau, &c.

77 Sept Estampes d'après Antoine & Noel Nicolas Coypel, dont l'Annonciation, gravée par P. Drevet.

78 Sept Estampes d'après Charles Coypel & autres, dont le Tableau

de l'Autel de Saint-Louis du Louvre, qui étoit autrefois à Saint Nicolas, gravé par Joulain.

10·16 79 Deux beaux morceaux gravés par
P. Drevet, savoir, Adam & Eve, &
Rébecca, d'après Antoine Coypel.

80 Quatre Sujets de l'Histoire Grec-
que, d'après Noël Coypel, par G.
Duchange & Charles Dupuis.

16·10 81 Six Estampes d'après le Moine &
Restout, savoir le Tems qui enleve
la Vérité; Hercule & Omphale; la
Baigneuse; Persée & Androméde,
gravés par Laurent Cars; Rachel,
par Cochin le pere; & Jacob avec
Laban, par le même, d'après Restout.

13 82 Quatre Morceaux d'après le Moine, dont le Sacrifice d'Iphigénie,
& le combat d'Hercule contre Ca-
cus, par Laurent Cars.

4·5 83 Trois Estampes d'après de Troy,
dont le Triomphe de Mardochée,
belle eau forte de Parrocel.

4·1 84 Sept Estampes d'après de Troy &
autres, dont la Toilette du Bal &
le retour du Bal, par Beauvarlet.

6·4 85 Trois Estampes dans la maniere du
lavis au bistre, dont une bataille,

d'après de la Rue , par Floding.

86 Cinq Morceaux d'après Carle Vanloo, dont le concert, gravés par Litret.

87 Sept compositions d'après Carle Vanloo & Pierre, dont les Baigneuses, gravées par Lempereur, le Silene, par le même, & Titon & l'Aurore d'après Pierre.

88 Le Portrait de Mlle Clairon, dans le rôle de Médée, d'après Carle Vanloo, par Laurent Cars & Bauvarlet. On y a joint un dessein du Tableau que possede cette célebre Actrice , qui differe en quelque chose de la composition de l'Estampe.

89 Quatorze Estampes d'après Boucher, dont l'Autel de l'Amitié gravé en maniere du crayon, par Desmarteau, & plusieurs autres de cet excellent Graveur , qui rend ces morceaux pour la plupart, de maniere à tromper l'œil des Connoisseurs , qui les prennent pour de vrais Desseins.

90 Trente trois petits morceaux d'après Boucher , dont plusieurs jolies suites d'enfants.

91 Neuf Sujets de Paſtorales & autres, d'après Boucher, dont la Belle Cuiſiniere & la belle Villageoiſe, par P. Aveline.

92 Huit beaux morceaux d'après Boucher, Sujets & Payſages, dont Léda, gravé par Ryland ; & Caliſto, par Gaillard.

93 Six Sujets des plus gracieux, par Boucher, dont les deux Confidentes, par Ouvrier ; le Berger récompenſé, & l'Agréable Leçon, par Gaillard, &c.

94 Six Morceaux d'après Boucher, dont les Nymphes au bain, par Ouvrier ; les Graces au bain, par Ryland & autres.

95 Quatre Sujets de la Fable, d'après Pierre, ſavoir, un Sacrifice à Pan ; Bachus & Ariadne, gravés par Lempereur ; l'enlevement d'Europe & les Forges de Vulcain.

96 Quatre Sujets dans le Coſtume Grec, d'après Vien, ſavoir l'Offrande à Vénus & l'Offrande à Cérès, par Bauvarlet ; la Jeune Corinthienne, & la Jeune Athénienne, par Flipart.

97 Quatorze Eſtampes, dont treize

d'après Chardin ; les Amufemens
de la vie privée , par Surugue ; la
Toilette du matin , par le Bas , &c.

98 Deux Eftampes , favoir, la Joueu-   7
fe de Serinette , d'après Chardin ,
par Laurent Cars ; les Enfans de
M. de Béthune , par Bauvarlet ,
d'après Drouais.

99 Quatre Catafalques gravés par   3   18
Cochin , dont celui de Madame la
Dauphine Infante d'Efpagne , &
celui de Philippe V Roi d'Efpagne.

100 Les Fêtes du Mariage de M. le   11 · 2
Dauphin , par Cochin , en quatre
grandes pieces.

101 Neuf Eftampes , la plupart de   6 · 3
Raoux , dont les quatre Ages , par
Moyreau ; la jeune Coquette & fon
pendant , par Chevillet & autres.

102 Onze Morceaux d'après Watteau,   7
Lancret & autres , dont les quatre
Eléments en hauteur.

103 Cinq Sujets de Lancret , le Re-   7
pas italien , gravé par le Bas , & les
Ages , par Larmeffin.

104 Onze Morceaux d'après Charles   8 · 1
Parrocel , dont l'Halte Suiffe & le
Détachement de Cavalerie , par le

Bas ; le rencontre de Cavalerie , par Presler , &c.

105 Quatorze Estampes d'après Greuze , dont le Retour de Nourrice , gravé par Hubert , &c.

106 Six Morceaux d'après Greuze , dont le Silence , gravé par Cars & Jardinier ; l'Aveugle trompé , par Cars ; la Plotoneuse , par Flipart & autres.

107 Trois grands Morceaux d'après Greuze , le Pere de Famille , par Martinazi ; les Ecosseuses , par le Bas , & le Geste Napolitain , par Moëtte.

108 Six Estampes d'après Chasle , la Grenée & autres , dont Zéphire & Flore ; Léda gravées par Tillard , Epreuves avant la lettre ; Cléopâtre , & autres.

109 Huit Morceaux , dont deux eau-fortes du Martire de Saint André , d'après Deshays ; plusieurs d'après Boucher & autres.

110 Six Estampes , savoir , la Halle , la Place Maubert , le Démenagement du Peintre , l'Enlevement de Police , par Jaurat ; Vénus & Adonis du même , gravé par Gaillard ,

& le Joueur de Balalaye , d'aprés
le Prince , par Henriques.

111 Trente Morceaux , dont la fuite
des douze Animaux , d'après Ou-
dry , par le Bas ; deux Chaffes de
Parrocel , par Defplaces & autres.   6. 16

112 Treize Eftampes de différens
Maîtres , dont le Repos & l'Action,
d'après Colfon , par Dupuis ; la
Nouvelle Eloïfe de le Fevre , par
Hubert , &c.   8. 11

113 Neuf Sujets d'après Eifen le pere,
dont le Déguifement enfantin , la
Malice enfantine , gravées par Dupuis , les deux Ecoles par Olivier ,
&c.   13. 19

114 Huit Eftampes , fix d'après Sche-
neau , dont le Carême-prenant ; les
deux autres font de Beauvarlet, d'a-
près Van Aften.   7. 12

115 Vingt & un petits Morceaux ,
dont plufieurs Paftorales , de la
compofition de le Bas ; Loth & fes
filles , de J. Chéreau d'après Breughels & autres.   3. 6

116 Cinq Payfages d'après Claude
Lorrain , Patel & le Bourguignon,
dont un grand du Cabinet du Roi ,
orné de beaucoup de figures , inti-   18. 10

tulé la Récompense Villageoise ;
gravé par le Bas.

117 Trois beaux Paysages d'après
Claude Lorrain, gravés en Angleterre, par Vivarès & Woollett.

118 Une suite de neuf Paysages, de
Cl. Lorrain, gravés par Vivarès,
Masson, Canot & Wood.

119 Onze Paysages & Marines, dont
une de Bonaventure Peters, intitu-
lée, fin d'Orage, par Gouaz ; les
autres de Vernet, dont les deux
vues du Levant, & le Matin, par
Aliamet.

120 Sept Marines & Paysages d'après
Vernet, dont la Belle après Dî-
née, gravée par M.lle Coulet, avec
son pendant ; les Commerçants
Turcs, par M. Lempereur, & son
pendant, par M.lle Coulet.

121 Cinq belles Marines d'après Vernet, savoir, les Iles de l'Archipel,
par le Charpentier ; une Chûte
d'Eau, par Chatelin ; une Tempê-
te, par Flipart ; le départ pour la
Pêche, & le Port de Mer d'Italie,
par le Bas.

122 La Suite complette des Quatorze Ports de Mer de France,
peints

peints pour le Roi par Vernet, gravés par Cochin & le Bas : Epreuves très bien choisies.

123 Quatre Portraits , dont M. de
Vintimille, Archevêque de Paris,
gravé par Cl. Drevet, d'après Ri-
gaud.

124 Le Portrait du Comte de St.
Florentin, gravé par Will, d'après
Tocqué, premiere Epreuve, avant
la qualité de ce Miniſtre.

125 Les Portraits de M. de Tourne-
hem & du Marquis de Marigny,
d'après Tocqué, par Will.

126 Huit Portraits de différens Maî-
tres, dont celui de la Reine, d'après
Natier, par Tardieu, & celui du
Roi de Sardaigne, par Mélini.

127 La Statue Equeſtre du Roi, de
la Place de Bordeaux, & la Statue
Pédeſtre du même Monarque, qui
eſt à Rennes , gravées avec les accompagnemens, par Nicolas Dupuis, d'après J. B. le Moine.

128 Huit Morceaux repréſentant des
Statues & Tombeaux, dont le Par-
naſſe François ; la Statue Equeſtre de
Louis XIV, de la Ville de Lyon,
& autres.

B

129 Vingt Pieces, la plupart d'après des Statues de Bouchardon, dont la Fontaine de la Rue de Grenelle.

130 Les Peintures, Statues & Ornemens du Dôme des Invalides & de ses quatre Chapelles, gravés par Cochin le pere, pour l'Histoire des Invalides.

131 Quarante-quatre Statues, par différens Graveurs, dont les mois de l'année, sur les Desseins de le Brun.

132 Parallele des plus belles Salles de Théâtre d'Italie avec celles de France, par Dumont, en vingt-six feuilles.

133 Vingt-quatre Portraits dont plusieurs Médaillons, d'après Cochin.

134 Trente-huit Estampes de différens Maîtres, dont plusieurs de B. Picart.

135 Un Porte-feuille contenant un grand nombre d'Estampes de peu de valeur.

136 Un Paquet de Géographie & de Topographie.

137 Le Grand Plan de Rome, de Nolli, orné de plusieurs vues d'antiquités, par Piranese.

138 Les Délices du Fleuve de la

Brenta, dans l'Etat de Venife, contenant les vues des Palais & Maifons de Plaifance fitués le long de ce Fleuve, depuis Padoue, jufqu'aux Lagunes de Venife.

139 Douze Deſſeins de Fleurs & Oiſeaux de la Chine, coloriés. 13.14

140 Divers Plans & Machines, deſſinés, & lavés à l'uſage des Fermes. 12

141 Plans & Elévations des Bâtimens de la Manufacture Royale des Porcelaines de Séve, deſſinés & lavés. 6. 17

142 Un Paquet de Cartes de différens Auteurs, & deux grandes Cartes collées fur toile, dont les Côtes de Bretagne manuſcrites. 13. 10

VOLUMES D'ESTAMPES

RELIÉS.

143 L'Œuvre de Vouet, gravé par Dorigny, contenant environ cent cinquante pieces, grand in-fol. v. m. 40

144 L'Œuvre de Crozat, en deux vol. avec le Diſcours, premiere Edition, *Carta maxima*, v. m. 172

75   145 Le Cabinet d'Aguiles, de l'Edi-
     tion de P. Mariette, un vol. v. m.
     doré sur tranche.

144   146 La Galerie du Luxembourg, an-
     ciennes Epreuves, vol. in-fol. v. m.

150   147 La Galerie de Dresde, en deux
     grands vol. c. m. v. m. belles Epreu-
     ves, avec le Portrait du Roi de Po-
     logne, gravé par Baléchou, Epreu-
     ve parfaite.

60   148 La Galerie du Comte de Bruhl,
     grand in-fol. v. m.

38   149 Un grand vol. contenant des Es-
     tampes de différens Maîtres, dont
     une suite d'après Cignani, & une
     de Sébastien Ricci, gravées à Veni-
     se, par Liotard ; la Communion de
     Saint Charles, d'après Pietre de
     Cortone, &c.

26. 3   150 Le Salon du Grand Duc de Tos-
     cane, & autres Peintures du même
     Palais à Florence, par différens
     Graveurs d'Italie, mis au jour en
     1751, par Joseph Allegrini, avec
     la Statue Equestre de Joseph I, Em-
     pereur & Grand Duc de Florence,
     g. in-fol. m. m.

160   151 La Grande Galerie de Versailles,
     d'après le Brun, gravée par les soins

& sous la conduite de J. B. Macé,
par les meilleurs Graveurs François,
premieres Epreuves, retouchées à
la plume en plusieurs endroits, par
le même célebre Artiste ; elle est en
feuilles. On y a joint l'explication,
vol. in-12. relié.

152 Un Grand Volume contenant la
Galerie de Girardon ; le Tombeau
du Cardinal de Richelieu, & autres Morceaux du même Maître,
auxquels on a joint différentes Estampes, dont les sept Sacrements,
du Poussin, gravés par Pesne, &c.
in-fol. v. m.

153 Un grand Volume contenant
quinze Portraits ou Têtes, d'aprés
Piazzetta, y compris celui de l'Auteur, gravés par Cattini, v. m.

154 Un autre Volume contenant les
Apôtres, & plusieurs Têtes, d'après
le même, en vingt-deux pieces, v.
m. qui sera vendu avec le précédent.

155 Les différens Habillemens du Levant, gravés par les soins de M.
Ferriol ; suite complette avec la
Danse des Derviches, & la Musique, in-fol. m. bleu d. sur. tr.

156 Les Tableaux de Venife, gravés par P. Monaco, d'après les meilleurs Maîtres Vénitiens, avec leurs explications imprimées & ajuftées à chaffis de la même grandeur des Eftampes, en foixante - fept pieces, g. in fol. v. m.

157 Le grand Théâtre de Venife, en deux parties reliées en un Volume ; la premiere contient les plus belles vues de cette Ville célebre, & la feconde, les meilleurs Tableaux, la plupart gravés par André Zucchi.

158 Les Loges du Vatican, peintes par Raphael, gravées par Aquila & Fantetta, vol. oblong. v. m.

159 L'Hiftoire de la Maifon de Farnefe, peinte par les Zuccaro, au Palais de Caprarole, avec les Plans & Elévation de ce Palais, gravés par Gafpard de Prenner, in-f. v. m.

160 La petite Galerie du Louvre d'après le Brun, gravée par St. André, in-fol. vélin.

161 L'Œuvre de Berain, contenant fes ornemens & autres fujets, in - fol. v. m.

162 L'Œuvre de Raymond la Fage,

avec son Histoire de Toulouse ,
gravée à l'eau forte , par Ertinger &
autres , in-fol. m. r. doré sur tr.

163 La Galerie de l'Archiduc , gra-   18 . 19
vée par les soins de David Teniers,
d'après les plus Grands Maîtres d'I-
talie & de Flandre , in-fol. v.

164 Un Volume contenant la Galerie   24
de Raphaël , représentant l'Histoire
de Psichée à la vigne Farnese, gravée
par Dorigny ; & celle d'Annibal
Carache , du Palais Farnese , par
Aquila.

165 Les Portraits des Plénipotentiai-   12
res à la paix de Munster , par différens Graveurs, d'après Anselme
Van Hulle.

166 La Galerie de l'Albane , peinte   10
à Rome , au Palais Verospi, gravée
par Jérôme Frezza ; & un Recueil
de Tableaux , peints par Louis Carache , gravé par Ant. Pisarri , relié
dans le même vol. in-fol. v. m.

167 La Vie de Saint Bruno , peinte   9
par le Sueur dans le petit Cloître
des Chartreux de Paris , gravée par
Chauveau & le Clerc.

168 Les Cris de Boulogne , d'après   6 . 11

le Carache, gravés par Simon Gui-
lini, in-fol. v. m.

169 L'Histoire de Samson, gravée
par B. Audran, d'après Verdier,
in-fol. v.

170 Les Fêtes de Versailles, gravées
par le Pautre, avec leurs explications, in f. v. m.

171 Le Sacre du Roi, dont les Epreuves sont très belles, grand in fol.
magnifiquement relié en maroquin
bleu, avec la grande dentelle du
Louvre.

172 Les Fêtes de la Ville, à l'occa-
sion des deux Mariages de M. le
Dauphin, g. in-fol. v. m.

173 La Pompe funebre de l'Archiduc
Albert, dessinée par Jacques Franc-
quart, & gravée par Corn. Galle,
in fol. v. m.

174 Les Plafonds Allégoriques, à
l'honneur des Grands Ducs de Toscane de la Maison de Médicis, par
différens Peintres & Graveurs, v.
in-fol. oblong, vélin.

175 Vues des Palais & Maisons de
Plaisance du Roi de Prusse, dessi-
nées & gravées par J. B. Broebes,
Architecte, v. obl. v.

176 Recueil de Vues des plus belles Maisons de plaisance de la Toscane, gravées par Zocchi & autres. en cinquante morceaux, in-fol. obl. v. m. *40*

177 Quarante-sept Morceaux de Piranese, qui composent la petite & moyenne suite des Ruines de Rome, & autres Vues de sa composition, in f. v. m. *14*

178 Les grandes Vues de Florence, en vingt-quatre pieces, dédiées à l'Impératrice Reine de Hongrie, avec deux Titres par différens Graveurs, en 1744, in fol. v. m. *48*

179 Recueil de différentes grandes Vues de Rome; Monumens, Tableaux, & autres choses remarquables de la même Ville, par différens Graveurs, en quarante quatre pieces. *34*

180 Les Arcs de Triomphe antiques de Rome, avec les Notes de Bellori; & les Médailles qui s'y rapportent, par Jacques de Rubeis, en cinquante-deux pieces à Rome, en 1690. *12*

181 L'Italie illustrée, contenant cent trente - cinq Morceaux choisis d'Architecture ; vingt pieces des principales Vues , & des plus *24* 16

B v

beaux Edifices d'Italie, en cent quinze Figures, gravées par les meilleurs Maîtres des Pays-bas.

24 182 Une suite de grandes Vues de Venise, gravée par Michel Marieschi, en vingt-trois pieces, y compris le titre, à Venise, en 174.. g. in-fol. v. m.

70 183 Les Ruines de Palmyre, gravées en Angleterre, en cinquante-sept Planches très belles d'Epreuves, g. in-fol. v. m.

80 184 Les Ruines de Balbec, gravées dans le même goût, en quarante-six pieces, même condition.

185 Les Ruines des plus beaux Monuments de la Grece, par M. le Roi, Architecte, en deux parties, dont la premiere contient vingt-huit Planches de vues, gravées par le Bas, & la seconde trente-deux, contenant le détail en grand, avec les proportions des différens morceaux d'Architecture, exécutés par les meilleurs Graveurs de ce genre, Paris 1758, g. in-f. m. r. doré sur tranche.

Ce Recueil, accompagné des

favantes explications de fon Auteur, eft infiniment précieux pour
les Amateurs & les Artiftes qui
ont déja puifé plus d'une fois
dans cette fource de la bonne Architecture. On y voit le Chapi-
teau Ionique, attribué à Michel
Ange, que cet excellent Hom-
me avoit fans doute fait deffiner
par les Eleves qu'il avoit envoyés
dans la Grece, ainfi qu'il eft rap-
porté dans fa vie.

186 Diverfes Vues de Châteaux &
autres endroits remarquables d'Angleterre, gravées par J. Kip, en
quatre-vingts grandes piéces, in-
fol. v. m.

187 Deux petits Atlas, contenant les
Cartes générales du Monde, peintes fur vélin avec dorures, l'un fait
en 1582, par Jean Martines, à
Meffine, en fept Cartes; l'autre,
plus moderne, peint avec beaucoup
de propreté, eft compofé de treize
Morceaux, y compris le Syftême
de Ptolomée, & la Sphere, l'un &

l'autre d'une ancienne reliure en m.
r. & ornemens dorés, p. in-fol.

340 188 *Museum Florentinum*, &c. , en
huit Volumes in-fol.

Le premier contient cent Planches de pierres antiques, tirés du Cabinet du Grand Duc & de plusieurs Cabinets particuliers, très proprement gravées, avec les Observations latines d'Antoine François Gorii.

Le deuxieme est aussi composé comme le précédent, de cent morceaux d'une plus grande forme, Pierres & Médaillons antiques, & les Observations du même.

Le troisieme contient cent Statues antiques parfaitement gravées, avec les Observations.

Le quatrieme comprend les Médailles d'or, d'argent & de bronze du grand moule, en cent quinze Planches, avec les Observations, Florence, 1731 & 1740.

Les quatre autres Volumes sont composés de deux cents vingt Portraits des grands Peintres, faits par eux-mêmes, qui sont dans la Galerie du Grand Duc, gravés avec le plus grand soin par les meilleurs Maîtres, accompagnés d'un abrégé de leurs Vies, par François Mouck, Florence, 1742 & 1762.

189 Les Statues & Bustes antiques de Venise, dédiés à Christian IV, Roi de Danemarck, par MM. Zanetti, en deux parties, contenant chacune cinquante Morceaux par les meilleurs Graveurs d'Italie, suivis d'une explication italienne, renfermée dans une bordure d'ornemens, à la tête desquels sont des Médailles & autres Monumens antiques, relatifs à la Figure qu'ils accompagnent, à Venise 1740, g. in-fol. m. r. doré sur tranche.

190 Recueil de Statues antiques & modernes, en cent soixante Planches, par différens Graveurs, précédées d'une explication italienne, de Paul Alex. Maffei, à Rome, chez Rossi, 1704, in-fol. de même condition que le précédent.

191 Recueil de Statues & Bustes antiques, recueillis à Amsterdam, par Gérard Reynst, en cent neuf pieces, avec un Titre gravé par Lairesse, in-fol. v. f.

192 Recueil de différentes Statues & Buftes, gravés par Mellan, Baudet, Edelinck & autres, en cent quatre pieces, g. in-fol. vélin.

193 Collection de Sculptures antiques grecques & romaines, des ruines des Palais de Néron & Marius, dont les Originaux étoient au Cabinet de M. Adam l'aîné, Sculpteur du Roi, gravés par différens Graveurs, en cinquante-neuf Planches, chez Joulain, 1755, petit in-fol. broché.

194 Les Vues de Rome, de Falda, à Rome, 1662, in-fol. obl.

195 Recueil de Deffeins d'Orfévrerie, inventés par J. Giardini, & gravés par Max. Jofeph Limpach, en cent Morceaux, à Rome, 1750, in-fol. m. r. avec dentelles d'or.

196 Un Volume oblong, contenant environ onze cents petites pieces, Emblêmes, Médailles, fujets de l'Hiftoire & de la Fable, de différens Maîtres, dont plufieurs de M. Etienne Delaune, in-fol. v. m.

197 Deux cent cinquante-cinq Plantes, gravées par Robert & Châtillon, & huit gravées en Angleterre,

proprement enluminées , le tout renfermé dans un porte-feuille.

198 Une Collection nombreuse de Plantes, peintes la plupart d'après nature, par les Freres Prevoſt, Eleves de M. Bachelier , avec le plus grand ſoin & la plus grande vérité.

Nous ne mettons ici cette Suite que pour l'annoncer aux Amateurs, parcequ'on eſt dans le deſſein de la vendre en totalité. La partie des Mouſſes , des Champignons & des Fougeres eſt rangée par Claſſe, genre & eſpece, avec les dénominations latines. Il ſera facile de ſuivre cet arrangement pour les autres Claſſes, ce qui formera un Traité de Botanique auſſi précieux qu'intéreſſant. Ceux qui voudront en prendre connoiſſance, s'adreſſeront à M. Alliot, maiſon de M. Rouſſel, ancien Fermier Général, Rue neuve des Petits-Champs.

92   199 Deux jolis Payſages avec Figures, du meilleur tems de Bartho-
lomé Breenberg, peints avec tout
le moëlleux & la franchiſe ordinaires
à cet agréable Peintre; ils ſont très
frais & bien conſervés : ils portent
onze pouces de large, ſur huit pouces de haut, non compris les bordures richement ſculptées.

220   200 Un Bain de Diane, dans le loin-
tain duquel on apperçoit Actéon
en Cerf, pourſuivi par ſes Chiens;
ce morceau, peint ſur cuivre, par
Corneille Poëlembourg, eſt de la
plus belle conſervation; d'un pin-
ceau flou & d'une couleur extrême-
ment agréable. Diane accompagnée de ſes Nymphes, en forment,
avec beaucoup de graces, toute la
compoſition. Il porte dix-huit pouces de large, ſur quatorze de haut.

800   201 Deux Tableaux de Wouvermans,
l'un ſur bois, repréſente pluſieurs
Cavaliers à la porte d'un Maréchal,
qui eſt occupé à ferrer des chevaux;
contre la maiſon eſt un autre cheval

attaché dans le travail : ce morceau
eſt touché avec beaucoup de liberté.
Le ſecond ſur toile, eſt une bataille. Ils portent douze pouces de haut,
ſur quinze pouces de large.

202 Deux Payſages avec Figures &
animaux, d'un coloris agréable,
peints ſur bois, de treize pouces de
large, ſur dix de haut.

203 Un Payſage Hollandois peint ſur
toile, dans un ton de couleur chaud
& vigoureux, de treize pouces &
demi de large, ſur onze pouces &
demi de haut.

204 Un Payſage de Breughels de Velours, richement compoſé, dans la
maniere de P. Brill, au milieu duquel eſt un Groupe d'arbres, accompagné de deux percées ornées d'arbres, de terraſſes & de pluſieurs petites figures touchées avec légereté
& préciſion ; ſur le devant eſt une
Fuite en Egypte. Il eſt peint ſur
bois de dix-neuf pouces de haut,
ſur vingt-quatre pouces de large.

205 La Naiſſance de Bacchus, compoſition agréable de Louis Boulogne, peinte ſur toile de vingt-ſept
pouces de haut, ſur 35 de large.

206 Bacchus & Ariadne, & son pendant ; Salmacis & Hermaphrodite,
petits Tableaux du bon tems de Ca-
zes, d'une couleur agréable & vi-
goureuse. Ils portent dix-sept pouc.
de haut, sur treize de large.

207 Un jeune Soldat, la main gau-
che derriere le dos, peint par Gri-
mou, d'un bel effet de clair obscur,
& d'un coloris chaud & vigoureux,
tels que sont ordinairement les Tableaux de cet habile Maître. Il est
sur toile, de trente-trois pouces de
haut, sur vingt-sept de large.

208 Le Portrait du célebre Comédien
Baron, peint par de Troy pere, sur
toile de trente-trois pouces de haut,
sur vingt-sept de large.

209 Les deux Princesses, premieres
filles du Roi, entre les bras de leur
Nourrice ; Etude pour le Tableau
ovale qui est dans le Salon de la
paix, à Versailles, peint par le
Moine, & qui a été gravé par L.
Cars. Ce Morceau porte vingt-
deux pouces de haut, sur vingt-six
de large.

210 Vénus sur les eaux ; composition
agréable, dans le goût de Boucher,

fur toile de vingt-fept pouces de haut, fur trente trois de large.

211 Trois Tableaux de l'Ecole de Teniers, peint fur toiles de différentes grandeurs, qui feront détaillés.   *450*

212 Une copie des Sangliers forcés, de Wouvermans, dont l'Original a été gravé par le Bas, peinte fur toile de quarante-deux pouces de large, fur trente de haut.   *90*

213 Deux grandes vues du Château de la Selle & de fes environs, lavées & coloriées avec le plus grand foin, par feu M. Portail, Garde des Tableaux du Roi. Ces Morceaux, qu'on doit regarder comme les plus capitaux de ce Maître, portent trente-quatre pouces de long, fur quinze de large ; ils font montés fous verre, dans de riches bordures dorées. Sous le même Nº. font deux Payfages du même, lavés à l'encre de la Chine, dont les figures font légerement coloriées, qui feront vendus féparément.   *300*

214 Deux Tableaux de Fruits & Fleurs, peints en miniatures, par le même, avec beaucoup de vérité ;

ils ont treize pouces de large , sur dix pouc. & demi de haut montés sous verre.

215 Deux Miniatures du même , sous glace , d'une forme ovale , dont l'une représente Vénus qui ôte le Carquois de l'Amour , & l'autre , l'Amour pleurant , qui se plaint à Vénus.

216 Deux Miniatures , dont une représente l'Amour couronnant Vénus , & l'autre , Vénus couchée ; sujets dans le goût de Boucher , sous glace , de trois pouces & demi de large , sur deux pouces & demi de haut.

217 Deux Corbeilles de Fleurs , peintes à gouazze , sous glaces de dix pouces & demi de haut , sur huit pouc. & demi de large.

218 Deux petites Vues de Venise , à gouazze , sur ivoire , sans bordures.

219 Cinq petits Sujets joliment peints à gouazze , d'après Jouvenet ; savoir , les quatre Tableaux de Saint Martin , & la Piscine de Siloé , d'une forme un peu plus grande. Ils sont sous glace , dans des bordures de cuivre doré.

220 Un Paysage agréable , avec des
Animaux peints au pastel , par J. B.
Oudri , sous glace , de douze pouc.
de large sur neuf de haut.

78

221 Neuf Têtes de femmes de figures
gracieuses , dont huit au pastel ; savoir , quatre de M. Boucher , sous
glace , les quatre autres dans sa maniere ; & une peinte à huile , par
Bachelier , représente une Jeune
Fille étudiant de la Musique : elles
seront détaillées à la vente.

230

222 Deux Vues de la Selle , gravées
d'après les Desseins de Portail ,
énoncées ci - dessus , montées sous
verre , dans des bordures dorées ,
ornées de cartels & guirlandes.

39

223 Dix Marines , gravées en Angleterre , en maniere noire , imprimées en verd , montées sous verre.

18 · 11

224 Les Environs de Paris , de forme
ronde , très joliment gravés & en-
luminés , avec verre & bordures dorées.

9 · 5

225 Un beau Barometre à éguilles ,
par Gallonde , avec son cadran d'é-
mail , portant un Thermometre ,
dont les dégrés sont aussi peints sur
émail. Il est orné d'une bordure de

151

bronze, cizelée & dorée d'or moulu.

249.19 Sous le même N°. Un bon Telescope, un Microscope & une Lunette d'approche, qui seront détaillés.

13.5 226 Un Barometre & un Thermometre, avec bordures dorés ; la bouteille du Thermometre est cassée.

BRONZES.

241 227 LE Portrait du Roi en Médaillon de bronze, très bien touché, & réparé par Roëtiers, dans une bordure de bois sculptée & dorée.

502 228 La Vénus pudique & le Rémouleur, d'après l'antique, très bien jettées, & réparées en Italie. On sait que cette derniere figure représente l'Esclave Vindicius, qui découvrit une conspiration en faveur des Tarquins, dans le tems qu'il repassoit un couteau. Le Peuple Romain l'affranchit & lui fit ériger cette Statue. Ces deux Morceaux sont sur des pieds de bronze doré d'or moulu.

229 Quatre Bronzes, favoir, l'Air
& l'Eau, fous le fymbole de deux
femmes, l'une accompagnée d'un
Aigle & l'autre d'un Cygne. Ils
portent vingt-deux pouces de haut.
Les deux autres, font Hercule tuant
l'Hydre de Lerne, & la Diane d'E-
phefe, de quatorze pouces de haut;
ces quatre Morceaux feront deux
articles.

230 La Vénus de Médicis, de vingt-
trois pouces de haut.

231 Pluton accompagné du Chien
Cerbere, de vingt & un pouces de
haut.

332 Autre Vénus de Médicis, avec
l'Antinoüs, fur des pieds de bronze doré.

233 L'Enlevement d'une Sabine, d'a-
près Jean de Boulogne, de dix-neuf
pouces de proportion, fans piédef-
tal.

234 Hercule étouffant Anthée, de
quinze pouces & demi de haut, fur
un pied d'ébene.

235 Un Faune de douze pouces &
demi de haut, fur un pied d'ébene.

236 Silene tenant Bacchus enfant, de

huit pouces & demi de haut, fur un pied de bronze doré.

237 Une Veſtale, de huit pouces de haut, ſur un pied de bois noirci.

238 Deux Groupes, compoſées d'enfans & de petits ſatyres, avec une chevre à l'un & un tigre à l'autre.

239 Deux Amours aſſis ſur des terraſſes, poſés ſur des ſerre-papiers de cuivre.

240 Deux Porte-faix, d'environ huit pouces de proportion, ſur des pieds de bronze dorés.

241 Une Villageoiſe Flamande, portant un panier, de huit pouces de proportion, ſur un pied de marqueterie.

242 Un petit Lyon, ſur un pied de bois noirci.

243 Les Quatre Saiſons, en bas reliefs évuidés, & un Taureau du même genre ſur des pieds de bois noirci.

244 Une Pagode de femme, de bronze de la Chine, & un petit Danſeur de bronze verni en diverſes couleurs, auſſi de bronze de la Chine.

245 Un Pot-pourri, bronze de la Chine,

Chine, de la forme d'un fruit, avec deux cornets & deux petites bouteilles de même matiere.

246 Deux Vases de bronze en Aiguerres ou buires à anses, parfaitement cizelés & réparés.

S C U L P T U R E S.

247 Deux Bustes de marbre blanc, représentant Marc Antoine & Cléopâtre, fort bien finis, de grandeur naturelle.

248 Un Groupe de terre cuite, représentant une Bacchante assise, le bras appuyé sur une chevre, avec trois enfans : elle paroît exprimer le jus d'une grape de raisin, dans la bouche d'un de ces enfans.

249 Quatre Figures de Femmes couchées, en terre cuite, qui seront vendues par pendant.

250 Trois Vases de terre cuite, avec feuillages & ornement de relief.

251 Dix Figures de plâtre bronzé, dont les deux Chevaux des Tuile-

ries; plusieurs figures d'après l'antique, &c. qui seront détaillées.

MÉDAILLES.

252 UNE suite des soixante & cinq Rois de France, depuis Pharamond jusques & compris Louis XIV, représentant d'un côté leurs portraits, & sur le revers, une légende qui indique l'année de la naissance de chaque Roi, le commencement de son regne, ses principales actions, le tems & le genre de sa mort, sa race & son dégré de parenté, avec son successeur.

Cette suite intéressante est en argent très bien gravée & bien choisie; elle a été faite en 1716, par les soins de Nicolas de Launay, Directeur de la monnoie des Médailles, au Louvre; elle est placée dans des layettes de bronze doré & ciselé, renfermées

dans un petit Médailler de mar-
quéterie incrusté en cuivre.

253 Une suite de Médailles en moyen
bronze, de l'Histoire du Regne de
Louis XIV, en trois cent quarante
& une pieces, rangée par ordre
chronologique, dans un Médailler
de seize tiroirs de bois d'ebenisterie,
doublés de velours, à deux battans
fermans à clef.

Une autre suite des Médailles du
regne de Louis XV, de même nature que les précédentes, en 79 piéces, avec le Catalogue imprimé;
il s'en trouve six de plus, renfermées
dans un semblable Médailler, dans
lequel il reste plusieurs tiroirs vui-
des, pour placer celles qui se frap-
peront par la suite. On vendra ces
deux Médaillers ensemble.

254 Un Coffre, contenant plusieurs
Médailles modernes en grand,
moyen & petit bronze, frappées à
l'honneur de plusieurs Princes &
Gens illustres de France, d'Angleterre & autres Pays, dont quelques-
unes du Roi, du Cardinal de Fleury
& autres; savoir, vingt-six de grand

bronze, cinq de moyen, & cent dix de petit. Dans le tiroir de la même boîte, sont des poinçons d'acier, de l'alphabet romain, majeur & mineur, & les chiffres.

PORCELAINES.

Une magnifique Pendule, de Baillon, dans un cartel, supporté par un vase de porcelaine d'ancien bleu céleste de la Chine, accompagné de deux beaux & grands lions de cette même porcelaine si précieuse & si estimée des Amateurs de ce genre; ils sont assis sur des terrasses de couleur céladon. Le mâle tient de sa pate droite une boule découpée à jour, & la femelle alaitte un de ses petits. La Pendule est couronnée d'un enfant, le bras droit appuyé sur un sablier de bronze doré, il est de porcelaine de France bleu céleste, imitant l'ancien de la Chine. Le reste des accompagnemens sont des branchages, dont les fleurs de porcelaine se marient avec grace au reste des ornemens; le tout porté sur un très beau pied de bronze, sculpté & doré d'or moulu.

256 Deux grandes Girandoles de bronze, doré d'or moulu, sur leurs pieds, qui supportent chacune un grand aigle d'ancienne porcelaine du Japon; leurs plumes sont dorées & variées de diverses couleurs : elles sont posées sur des terrasses céladon panaché de brun. Ces deux beaux morceaux peuvent servir d'accompagnement à la pendule ci-dessus.

257 Un Pot-pourri d'ancienne porcelaine de la Chine, truitée, garni en bronze doré *.

258 Deux Jattes d'ancienne porcelaine bleue de lapis en dehors, & fond blanc en dedans avec des fleurs rouges & or.

259 Un Pot-pourri de porcelaine ancienne, garni de bronze doré de bon goût : le corps du pot est cassé.

260 Un autre Pot-pourri d'ancienne

---

* *Nota.* Lorsque l'on trouvera dans ce Catalogue le mot de Bronze doré, il faut entendre doré d'or moulu, quoique souvent on ne l'exprime pas.

porcelaine de la Chine , bleu &
blanc à pagode garni en cuivre.

24 261 Une Fontaine de porcelaine ja-
ponée , garnie de même.

72 262 Deux Pots pourris d'ancien lacq ,
garnis en bronze doré , montés sur
des branches portées par des poules
d'ancienne porcelaine , avec leurs
pouffins sur le dos ; elles sont posées sur des pieds de bronze sculp-
tés & dorés.

48. 263 Deux Girandoles à deux branches , soutenues par des pagodes de
porcelaine blanche de la Chine ; les
bobeches de pareille porcelaine : le
tout monté en bronze doré.

1.10 264 Deux petits Magots un genou
en terre , portant deux petites jattes ; ils sont de porcelaine coloriée.

56 265 Quatre grandes Urnes couvertes ,
de porcelaine de la Chine , bleue
& blanche. Les deux plus grandes
ont deux pieds & demi : elles ont
un plateau de bois de plaquage
52 pour les porter. Les deux autres
ont environ vingt-trois pouces : on
en fera deux articles.

148.5 266 Cinquante pieces de porcelaine
de la Chine , comme plats , assiet-

tes, tasses à caffé, pots à l'eau, &
autres qui seront détaillées.

267 Un Plateau, contenant douze
tasses & leurs soucoupes, dont une
à thé ; une Théiere & un pot à sucre
d'une jolie porcelaine, fond blanc,
à fleurs rouges, avec des dentelles
dorées tout autour.

268 Un Pot-pourri de Porcelaine de
Saxe, avec fleurs & fruits, en relief, sur un pied de bronze doré,
accompagné de deux négres en at-
titude de danseurs ; & de branches
de bronze, ornées de fleurs de porcelaine.

269 Un autre Pot-pourri de même
porcelaine, à fleurs de relief, avec
un sujet galant peint sur le devant,
accompagné de deux oiseaux, sur un
pied de bronze doré d'or moulu.

270 Deux autres petits Pots-pourris,
de porcelaine de Saxe, à fleurs de
relief, sur des pieds de bronze doré.

271 Soixante & une pieces d'usage, de
même porcelaine, composées d'af-
siettes, comporiers, moutardiers,
qui seront détaillées.

272 Quatre Pot-pourris de porcelaine

blanche, à fleurs de relief, qui feront détaillées.

273 Deux Seaux , une jatte & trois gondoles de porcelaine de Chantilly, à fleurs de plusieurs couleurs.

274 Une garniture de cheminée, composée de trois vases en forme de cornets , avec des cartels bleues de lapis & or, sur un fond blanc, orné de fleurs coloriées , & deux pots-pourris, fond blanc, fleurs bleues, & ornement dorés, de porcelaine de France.

275 Deux Vases à anses, de même porcelaine , à fleurs de relief, avec des pieds de bronze doré.

276 La Baigneuse de Falconet , en porcelaine de France, sans couverte*.

277 L'Amour , du même, & un petit enfant couché, de même porcelaine.

278 Cent morceaux de porcelaine de France, d'usage, comme tasses, assiettes, compotiers, & autres, qui seront détaillés.

279 Un Pâté de six Vases de verres, à fleurs, dorées & émaillées.

____

* Terme dont on se sert pour dire sans émail. On nomme aussi cette porcelaine, *Biscuit*.

280 Vingt & un Plateaux de cuivre
argenté, garnis de glaces, à l'usage
des desserts, avec plusieurs petites
figures de porcelaine, & autres ornemens assortissans.

CURIOSITÉS CHINOISES

ET AUTRES.

281 Deux Femmes Chinoises,
montées sur des especes de lions,
de pierre de lard.

282 Un Pâté de six Pagodes de dif-
ferentes grandeurs, de la même
pierre.

283 Un grand Rocher de terre des Indes, sur lequel sont des especes de
castors qui mangent des raisins ; &
un autre petit rocher de terre vernis-
sée avec une tour chinoise, & des
figures.

284 Une quarantaine de Pagodes de
terre & pâte colorée, la plupart
mal conditionnées

285 Deux Boîtes à cinq côtes arron-
dies, contenant chacune une boîte
à thé de même forme, d'ancien
lacq, fond noir, à fleurs, paysa-

ges & figures d'avanturines.

286 Deux Bougeoirs d'ancien lacq rouge, garnis de bronze doré, dont un avec son éteignoir, est formé pour être placé au chevet d'un lit.

287 Un Coffre de lacq, fond noir, avec figures en or, de relief; & un petit coffret rempli de pierres gravées, & cornalines non gravées.

288 Une Cave de bois des Indes, contenant deux pots à tabac, d'ancienne porcelaine, garnie d'argent: il manque le couvercle à un.

289 Deux Théieres de terre de la Chine, d'une forme singuliere; & trois boîtes à thé, d'étaim de la Chine.

290 Deux Pistolets carabinés, faits par le Hollandois; & un peson à ressort, avec cadran à éguille en acier & cuivre, pesant jusqu'à quarante livres.

291 Trois Couteaux turcs, de différentes grandeurs, à lame d'acier de Damas, damasquinés en or, & manches d'ivoire, renfermés dans une gaîne de chagrin, garnis d'argent doré, & ciselés dans le goût du pays.

292 UN très beau Luſtre de cryſtal de roche, de quarante-cinq pouces de haut & de trente pouces de
diametre ; les plus grandes amandes
ont ſept pouces de haut, les pyrami-
des neuf pouces, & la boule environ cinq pouces de diametre. Tous
ces cryſtaux ſont pour la plus grande
partie bien choiſis : la boule, ſur-
tout, eſt parfaite. Il eſt à ſix bobéches.

293 Deux Girandoles du même cryſtal, à trois bobeches, de dix-neuf
pouces de haut, & douze pouces de
diametre.

294 Quatre autres Girandoles de
moindre volume, auſſi de cryſtal de
roche à quatre bobeches, qui ſeront
vendues en deux articles.

295 Un très beau feu de bronze, doré
d'or moulu, orné de deux enfans,
dont un tient une coquille, & l'autre joue d'une conque marine ; avec
la pelle, pincettes, tenailles &
croiſſants, garnis de bronze dorés.

296 Deux autres Feux de bronze doré,
auſſi garnis de leurs pelles, pincet-

tes & tenailles, qui feront vendus
en deux articles.

297 Six paires de bras dorés d'or mou-
lus , dont deux belles à trois branches ; on les vendra par paires.

298 Deux grands Chandeliers , portant chacun une girandole à quatre
branches , doré d'or moulu.

299 Six beaux chandeliers de table de
même nature , fans girandoles , qui
feront vendus par paire.

300 Six autres chandeliers de cuivre
dorés , dont deux à deux branches ,
& deux en forme de cippes ; qui feront détaillés.

301 Quatre paires de chandeliers argentés , dont une porte des girandoles à deux branches ; ils feront
détaillés.

302 Deux paires de feaux argentés ,
en deux articles.

303 Une petite Pendule, de Baltafar,
renfermée dans une boîte de bronze
cifelée & dorée d'or moulu , propre
à mettre fur un ferre-papiers.

304 Une Pendule dans un cartél de
bronze doré , à répétition à tirage,
dont le mouvement eft d'Autray ; &
une plus petite dans le même goût ;

le mouvement de J. Plan : elles feront vendues féparément.

305 Une autre Pendule dans un cartel de bronze doré, portée par un éléphant, & furmontée d'un zéphir : le mouvement par de Caen, de Verfailles.

306 Une autre Pendule dans un cartel de bronze doré, portée par la pagode du Rieur, d'ancienne porcelaine blanche, fur un pied de bronze fculpté & doré ; le mouvement de C. D. G. Mefnil.

307 Une autre de du Coroy, dans une boîte de marqueterie d'écaille, ornée de bronze doré, dans le goût de Boule, portée par quatre fphinx, fur un pied de même nature, au milieu duquel font affis deux zéphirs. La pendule eft furmontée d'un cocq pofé fur un globe : le tout fort bien exécuté.

308 Une grande Commode d'environ quatre pieds, à deux tiroirs, en lacq de la Chine plaqué, fond noir avec figures & payfages dorés, garnie de bronze doré d'or moulu, deffus de marbre bréche d'Alep.

309 Deux Encognures, à une porte de

lacq de la Chine, à modele, ou vase doré en relief plaqué, & ornées de bronze doré, avec dessus de marbre d'Italie.

310 Deux petites Bibliothéques à deux portes grillées, de bois de violette, ornées de bronze doré, & dessus de marbre rance.

311 Un Clavessin à ravallement, vernis en dessus, ainsi que le pied en verd d'eau, & le dedans en rouge avec panneaux dorés, couvert d'une housse de taffetas verd, & garni de son pupitre doré.

312 Une grande Table à pied, en consolle, richement sculptée & dorée, avec son dessus de breche d'Alep, d'environ cinq pieds de long, sur vingt cinq pouces de large.

313 Deux autres Tables plus petites, aussi à pied en consolle, avec le dessus de même breche d'Alep, de quarante-cinq pouces de long, sur dix-sept pouces de large.

314 Dix grand Cornets, Rouleaux, & Urnes de fayance bleue & blanche, propre à mettre sur une bibliothéque.

F I N.

*Etat des Numéros qui feront
vendus à chaque Vacation.*

PREMIERE VACATION,

le 13 Mars 1769.

Estampes eu Feuilles & en Volumes.

Nº. 1, 2, 3, 4, 7, 8, 9, 10, 16,
24, 26, 27, 36, 41, 42, 43, 44, 45,
49, 51, 54, 57, 61, 67, 94, 95,
105, 118, 119, 120, 126, 130,
132, 136, 140, 141, 142, 163,
166, 173, 174, 175, 177, 180,
181, 190, 192, 193, 195 & 196.

DEUXIEME VACATION, LE 14.

Estampes en Feuilles & en Volumes.

Nº. 5, 6, 11, 12, 13, 14, 15, 23,
28, 31, 33, 38, 39, 46, 50, 52,
58, 60, 64, 66, 69, 104, 108,
109, 110, 112, 114, 115, 116,
125, 128, 129, 131, 135, 138,
158, 162, 167, 168, 169, 170,
176, 179, 182, 186, 187, 191,
194 & 197.

TROISIEME VACATION, LE 15.

Eſtampes en Feuilles & en Volumes.

N°. 25, 32, 34, 35, 37, 47, 55, 56,
59, 63, 68, 78, 79, 83, 84, 87,
89, 90, 93, 97, 99, 100, 101,
102, 103, 106, 111, 113, 117,
121, 123, 127, 133, 134, 137,
239, 146, 150, 152, 153, 154,
155, 157, 159, 160, 164, 165,
172, 178 & 189.

QUATRIEME VACATION, LE 16.

Eſtampes en Feuilles & en Volumes.

N°. 17, 18, 19, 20, 21, 22, 29,
30, 40, 48, 50*, 53, 62, 65, 70,
71, 72, 73, 74, 75, 76, 77, 80,
81, 82, 85, 86, 88, 91, 92, 96,
98, 107, 122, 124, 143, 144,
145, 147, 148, 149, 151, 156,
161, 171, 183, 184, 185 & 188.

CINQUIEME VACATION, LE 17.

Tableaux, Bronzes, &c.

N°. 199, juſques & compris 226, &
238 juſques & compris 246 &
251.

Sixieme Vacation, le 18.

Bronzes, Porcelaines, &c.

N°. 231, 232, 235, 236, 249, 250, 259, 261, 264, premiere partie de 266, 270, premiere partie de 271, premiere partie de 272, 273, 275, premiere partie de 278, 279, 280, 282, 284, 286, 287, 289, 300 & 302.

Septieme Vacation, le 20.

Bronzes, Porcelaines, &c.

Premiere partie de 229, 230, 233, 234, 248, 258, 260, 263, deuxieme partie de 266, 269, deuxieme partie de 271, deuxieme partie de 272, 277, deuxieme partie de 278, 283, 285, 290, premiere partie de 294, premiere partie de 296, premiere partie de 297, premiere partie de 299, 301, 303, premiere partie de 304, 310 & 314.

Huitieme Vacation, le 21.

Bronzes, Médailles, Porcelaines, &c.

N°. 227, 228, deuxieme partie de 229, 237, 247, 252, 253, 254,

257, 262, derniere partie de 266, derniere partie de 271, troisieme partie de 272, 274, troisieme partie de 278, 281, 288, 291, derniere partie de 294, derniere partie de 296, deuxieme partie de 297, derniere partie de 299, 301, 305.

NEUVIEME VACATION, LE 22.

Porcelaines & Meubles précieux.

Nº. 255, 256, 267, 268, derniere partie de 272, 276, derniere partie de 278, 292, 293, 295, derniere partie de 297, 298, derniere partie de 304, 306, 307, 308, 309, 311, 312 & 313.

Lu & Approuvé, ce 15 Février 1769.
COCHIN.

Vu l'Approbation, permis d'Imprimer, ce 17 Février 1769.
DE SARTINE.

De l'Imprimerie de DIDOT, 1769.

INDICE

Des Catalogues dreffés par J. B. Glomy,
pour les Ventes qu'il a faites , feul
& en fociété.

CATALOGUE des Tableaux, Deffeins & Eftampes de feu M. Gerfaint, 1750.

2 Catalogue de Rembrandt , de feu
M. Gerfaint, donné avec les aug-
mentations néceffaires, 1751.

3 Catalogue de diverfes Curiofités ,
Portraits en émail, par Petitot &
autres , du Cabinet de M. Cotin ,
1752.

4 Catalogue des Tableaux , Deffeins,
Eftampes & autres Curiofités du Cabinet de feu M. le Duc de Tallard ,
1756.

5 Catalogue des Tableaux , Deffeins
& Eftampes , du Cabinet de feu
M. Potier, Avocat au Parlement ,
1757.

6 Catalogue du Cabinet d'Hiftoire
Naturelle , Tableaux , Deffeins &
Eftampes, de feu M. Babault, 1763.

7 Catalogue du Cabinet d'Hiſtoire Naturelle, & autres Curioſités, de feu M. Bailly, Ancien Garde du Corps des Marchands Apothicaires, Epiciers, & Ancien Conſul, 1766.

8 Catalogue d'une Collection de Tableaux, Deſſeins & Eſtampes, pour ſervir de continuation à celui de M. Bailly, 1767.

9 Catalogue des Tableaux, Deſſeins, Eſtampes & autres Curioſités, de feu M. Bailly de la Tour, 1767.

10 Catalogue d'une Collection choiſie de Madrépores, Coquilles & autres Curioſités du Cabinet de M... 1767.

11 Catalogue des Eſtampes, Tableaux, Bronzes, Porcelaines & autres Curioſités du Cabinet de M.... 1769.